yukismart.com/b/604876
AF364837
1
2

manzana

แอปเปิล

aeppoen

plátano

กล้วย

kluai

pera

แพร์

phae

cereza

เชอร์รี

choeri

lima

มะนาว

manao

limón

มะนาว

manao

membrillo

ควินซ์

khwin

kiwi

กีวี

kiwi

uvas

องุ่น

angun

sandía

แตงโม

taengmo

naranja

ส้ม

som

clementina

ส้มคลีเมนไทน์

som khli men thai

fresa

สตรอว์เบอร์รี

sot ro boe ri

frambuesa

ราสเบอร์รี

ra saboe ri

arándano

แครนเบอร์รี

khrae ri

arándano

บลูเบอร์รี

blu boe ri

grosella

ลูกเกด

lukket

mora

แบล็คเบอร์รี

blaek boe ri

zumo

น้ำผลไม้

namphonlamai

mermelada

แยม

yaem

tostada

ขนมปังปิ้ง

khanompangping

pomelo

ส้มโอ

som-o

melón

เมลอน

me lon

pomelo

ส้มโอ

som-o

naranja china

ส้มจี๊ด

som chit

ciruela mirabel

พลัมมิราเบล

phlam mi ra ben

melocotón

พีช

phicha

albaricoque

แอปริคอท

ae pari khot

ciruela

พลัม

phlam

piña

สับปะรด

sapparot

granada

ทับทิม

thapthim

aceituna

มะกอก

makok

higo

มะเดื่อ

maduea

dátil

อินทผลัม

inthaphalam

aguacate

อะโวคาโด

awokhado

lichi

ลิ้นจี

linchi

caqui

ลูกพลับ

luk phlap

carambola

มะเฟือง

mafueang

mango

มะม่วง

mamuang

rambután

เงาะ

ngo

longuián

ลำไย

lamyai

lanzón

ลางสาด

langsat

mangostino

มังคุด

mangkhut

yaca

ขนุน

khanun

zapote

ละมุด

lamut

guayaba

ฝรั่ง

farang

jujube

พุทรา

phutsa

durián

ทุเรียน

thurian

guanábana

ทุเรียนเทศ

thurianthet

papaya

มะละกอ

malako

fruta del dragón
แก้วมังกร
kaeo mangkon

coco
มะพร้าว
maphrao

cacao
โกโก้
koko

chocolate
ช็อกโกแลต
chokkolaet

patata
มันฝรั่ง
manfarang

maíz
ข้าวโพด
khaophot

ñame
มันหวาน
man wan

calabaza

ฟักทอง

fakthong

calabaza

ฟักทองบัตเตอร์นัท

fakthong bat toe nat

mandioca

มันสำปะหลัง

mansampalang

zanahoria

แครอท

khaerot

tomate

มะเขือเทศ

makhueathet

seta

เห็ด

het

brócoli
บร็อคโคลี

brok kho li

espárragos
หน่อไม้ฝรั่ง

nomaifarang

alcachofa
อาร์ติโชค

a ti chok

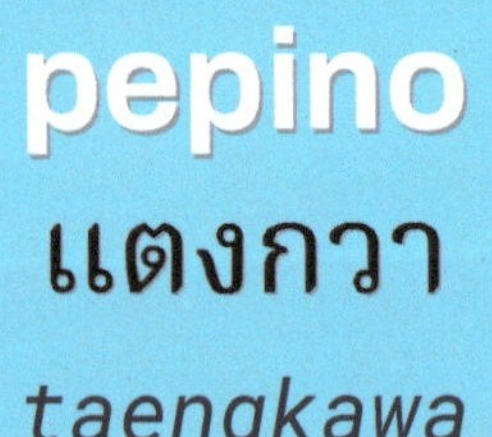

pepino
แตงกวา

taengkawa

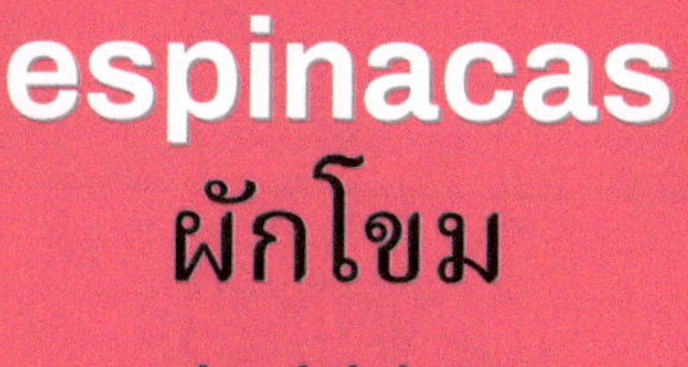

espinacas

ผักโขม

phakkhom

coliflor

กะหล่ำดอก

kalamdok

calabacín

ซุกินี

su kini

lechuga

ผักกาด

phakkat

repollo

กะหล่ำปลี

kalampli

berenjena

มะเขือ

makhuea

nabo

หัวผักกาด

huaphakkat

rábano

หัวไชเท้า

huachaithao

remolacha

บีทรูท

bi tharut

ruibarbo

รูบาร์บ

ru bap

coles de Bruselas

กะหล่ำดาว

kalamdao

puerro

กระเทียมต้น

krathiamton

menta
สะระแหน่
saranae

apio nabo
หัวขึ้นฉ่ายฝรั่ง
hua khuenchai farang

endivia
เอนไดฟ์
en dai

apio
คืนช่าย
khuen chai

guisantes

ถั่ว

thua

garbanzos

ถั่วชิกพี

thua chik phi

judía verde

ถั่วฝักยาว

thuafakyao

frijol rojo

ถั่วแดง

thuadaeng

brotes de soja

ถั่วเขียว

thuakhiao

hinojo

ยีหร่าฝรั่ง

yira farang

chirivía

พาร์สนิป

pha sanip

pimiento

พริกหวาน

phrik wan

chile

พริก

phrik

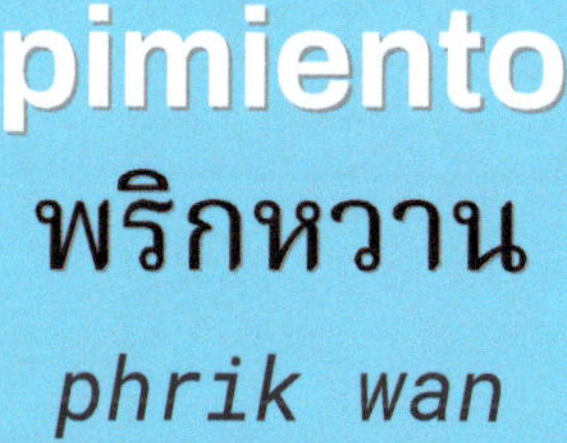

pimienta

พริกไทย

phrikthai

cebolla

หัวหอม

huahom

ajo

กระเทียม

krathiam

jengibre

ขิง

khing

nueces de macadamia

แมคคาเดเมีย

maek kha de mia

nueces de pecán

ถั่วพีแคน

thua phi khaen

anacardo

เม็ดมะม่วงหิมพานต์

metmamuanghimmaphan

avellanas

ถั่วเฮเซลนัท

thua he sel nat

almendra

อัลมอนด์

anmon

pistacho

ถั่วพิสตาชิโอ

thua phitsa ta chi o

cacahuete

ถั่วลิสง

thualisong

castaña

เกาลัด

kaolat

nueces

วอลนัท

wonnat